AF268300

COUP D'OEIL

ATTRISTÉ

SUR LES

ERREURS ACTUELLES

DE LA FRANCE

BOURG

IMPRIMERIE J.-M. VILLEFRANCHE

—

1886

COUP D'ŒIL

ATTRISTÉ

SUR LES ERREURS ACTUELLES

DE LA FRANCE

I

Si nous promenons nos regards sur les tristesses actuelles de notre pays, et si nous recherchons ses égarements passés, nous ne rencontrons à aucune époque une haine systématique aussi aveugle et aussi odieuse contre Dieu et contre la religion. C'est là un fait (ses annales en font foi) qui se dresse contre nous, comme un sinistre spectre et qu'on doit appeler un reniement des seuls et véritables principes d'ordre, de morale et de sécurité pour la société. Pourrait-on, en vérité, dire quelle est la religion de l'Etat aujourd'hui ? Reconnait-il une puissance divine, règle obligée de celle qu'il doit lui-même exercer envers ses sujets ? On hésite même à affirmer aujourd'hui que le catholicisme est encore la religion du plus grand nombre des Français.

Si de l'Etat nous passons à la nation, à la famille, à l'instruction, la même apostasie, trop générale, vient encore attrister nos regards. L'acte principal autrefois si respecté, qui constitue la société domestique, le mariage qu'est-il devenu ? Pour beaucoup est-il autre chose qu'un ignoble marché légal, qui devient un divorce plus ignoble encore et plus immoral, aux premières disparités des humeurs et des passions des conjoints? Souvent deux camps se rencontrent au même foyer : les pères et les fils combattent, la plupart sous les bannières de l'indifférence et de l'incrédulité ; les mères et les filles, pour l'ordinaire, restées fidèles plus ou moins à la religion, dévorent en silence leurs larmes et leurs douleurs. Mais en général, où en sont les actes religieux accomplis en commun ? Où en sont ces traditions de foi, patrimoine héréditaire des familles à la ville et à la campagne ? L'éducation surtout, ce premier devoir de la paternité, celui duquel dépend l'avenir de la France, comment est-elle comprise, comment est-elle déjà et sera-t-elle appliquée dans peu de temps d'après l'article 12, nouvellement voté par le Sénat? Déjà légalement sans Dieu et sans religion, en bien des communes, elle le deviendra nécessairement de plus en plus par l'exclusion des instituteurs et institutrices libres, choisis de préférence par les familles chrétiennes.

Alors la sollicitude paternelle du plus grand nombre se résumera fatalement en ces tristes mots déjà si communs depuis quelques années : « Sois sans Dieu, sans religion, sans « espérance et sans crainte pour une autre vie, mon cher fils, « mais vernis toi d'une couche apparente de science, plus ou « moins naturelle ou chimique; monte, monte encore et élève « toi par tous les moyens possibles au-dessus de ton père, « afin d'obtenir au terme de tes études, un emploi brillant à « exploiter à ton profit et au profit des tiens. »

II

Maintenant si nous considérons les particuliers, que voyons-
nous encore? La plupart n'est-elle pas enchaînée et immobile.
aux pieds de deux idoles, les seules divinités réelles qu'on
connaisse généralement aujourd'hui? Toutes les foudres du
Sinaï gronderaient sur leurs têtes qu'ils n'interrompraient pas
un instant leurs calculs mercantiles d'orgueilleuse élévation
et leur païenne adoration du veau d'or, qui mènent à toutes
les jouissances, même les plus basses et les plus abjectes.
Voilà en nos tristes temps, l'unique science et surtout l'unique
croyance de nos libres-penseurs, matérialistes, francs-maçons,
socialistes.

Les femmes elles-mêmes franchissent aujourd'hui, trop
nombreuses, les barrières autrefois sacrées pour leur sexe. Et
que sera-ce dans quelques années. lorsque nos jeunes filles
élevées dans nos lycées supérieurs et dans nos écoles commu-
nales primaires seront devenues des femmes et des mères,
mariées ou non plus ou moins civilement? Nos pères avaient
vu des femmes affliger la religion et les familles par le scandale de leurs mœurs, mais il était réservé à notre époque d'en
produire qui l'outrageraient par la cynique impiété de leur
parole, de leur plume, de leur conduite athée... (de leurs
révolvers) et qui seraient applaudies.

Quant aux jeunes gens de douze à quatorze ans, ceux surtout qui font partie des bataillons scolaires, et c'est par milliers
qu'il faut les compter, ils viennent chaque année grossir les
rangs de l'indifférence et de l'incrédulité. On dirait que, plus
que jamais, ils soupirent après le moment de la première
communion (dernier acte religieux), pour briser le joug du
chrétien et courir en aveugle dans le camp du désordre et du
libertinage. C'est ainsi qu'aujourd'hui, hommes, femmes,

jeunesse, un peu partout se révoltent contre Dieu, abjurent sa morale, se moquent de ses préceptes, de ses menaces, de ses récompenses, par l'impiété de leur conduite, et par le blasphème, plus insultant s'il est possible de leurs discours et de leurs écrits.

III

De là cette défection si rapidement progressive ; de là, cet abaissement continu, cette décadence, cette lente agonie de la vie d'ordre, de morale chrétienne et cette division intestine qui descend des corps politiques, et qui engendre un peu partout la défiance et la haine des citoyens les uns contre les autres. Or cette défiance et cette haine des gouvernants entre eux, cette jalousie des particuliers entre particuliers, enfin toutes les compétitions acharnées des places grassement rétribuées, produisent nécessairement une désagrégation telle, un isolement si universel et si profond, qu'il a fallu inventer un mot nouveau pour le caractériser. Ce mot nouveau, c'est : « *individualisme* » Et par un renversement plus étrange que tout le reste, cet individualisme à la fin du dix-neuvième siècle, s'appelle *progrès* !

C'est pour cela sans doute que le droit du plus fort est devenu le droit qui mène à tout... et trop souvent jusqu'au crime ! aussi on le nomme émancipation ! De là encore tous ces changements, tous ces déplacements successifs, passionnés, immérités qui emportent chaque jour les hommes et les principes. Autrefois on disait : les hommes passent, mais les principes restent ; aujourd'hui, hommes et principes, tout est emporté.

Dans ces luttes incessantes, dans ces luttes à mort, rien n'est respecté. Bientôt la violation de toutes les lois divines, religieuses et humaines se trouvera écrite chaque jour et de plus en plus dans les pages rouges de notre histoire actuelle. Or, de cet antagonisme profond et impie résulte forcément la disparition de la véritable notion du pouvoir. Ainsi, l'édifice social est ébranlé ; il surplombe, et c'est à peine s'il peut rester debout sur ses fondations minées de toute part : nul n'a foi à la durée de son existence. Est-ce là encore un progrès ? Ah ! plutôt n'est-ce pas une honteuse décadence !

IV

A ces graves symptômes s'en ajoute un autre plus alarmant et plus dissolvant encore. Si de loin en loin quelques empoisonneurs tentaient par le passé de falsifier nos aliments intellectuels, aussitôt la fraude était signalée, la nourriture prohibée, et les coupables mis au ban de la société. Aujourd'hui, d'innombrables empiriques spéculent sur notre tendance, disons mieux, sur notre fièvre endémique du faux, de l'absurde et du défendu; la presse en particulier a trahi sa noble mission. La fabrication des poisons irréligieux, immoraux révolutionnaires est devenue la branche la plus active de l'industrie actuelle et la science la plus perfectionnée de notre époque. Et de grâce! que fait-on depuis quinze à vingt ans surtout un peu sur tous les points de notre France? On verse à pleines coupes les poisons les plus actifs et de tous genres, dans les entrailles brûlantes de notre monde moderne.

Chose effrayante! dans un an, dans un mois, dans un jour, dans une heure, il se répand, il s'absorbe plus de doctrines antinationales, impies chez nous, et jusque dans les plus humbles villages, que la France n'en avait vu paraître pendant des siècles. Comme une nuée de sauterelles dévore l'herbe des prairies, les mauvais journaux détruisent tout ce qui reste de vérités et de vertus dans les âmes. N'est-ce pas là la plus déplorable et la plus universelle corruption?

Ces doctrines de mort portent partout et de plus en plus leurs fruits et en gangrenant les cœurs, ils les pervertissent et dépravent les intelligences. C'est là le caractère nouveau du mal de notre époque.

Dans tous les temps sans doute, il y eut des erreurs; mais l'apologie de l'erreur, la reconnaissance légale de l'erreur, le droit de l'erreur, mais la glorification monstrueuse de l'erreur, voilà, voilà ce qui est particulier aux dernières années de notre siècle.

De même dans tous les temps, il y eut des crimes; mais les crimes sans remords, les injustices sans restitutions, les scandales sans expiations, mais la théorie du crime, mais l'orgueil du crime, mais l'apologie du crime! Voilà ce que l'on ne trouve que dans notre monde actuel.

Enfin, dans tous les temps il y eut des révoltes contre Dieu, contre l'Eglise, contre les puissances, mais la négation systématique de l'autorité de Dieu, de la religion et des puissances humaines; mais la théorie de la révolte, mais l'apologie de la révolte, mais l'orgueil de la révolte, mais la consécration de la révolte, du principe même de la révolte! Voilà encore ce qu'on ne trouve qu'à l'époque actuelle, voilà le signe propre de la perversité nouvelle. Or comment ne tremblerait-on pas à la vue de cette progression de crimes d'une horrible et monstrueuse nouveauté, de ces parricides, infanticides, sacrilèges, de tous ces forfaits dont la nature et les circonstances font pâlir et que les bordereaux des journaux de chaque jour ne peuvent contenir dans leurs vastes colonnes?

Toutefois ce qui doit glacer de terreur, c'est moins encore cette hideuse nomenclature d'iniquités que l'indifférence avec laquelle on les raconte, que le sang-froid avec lequel elles sont commises et l'insensibilité cynique des coupables et trop souvent des lecteurs eux-mêmes; c'est ce qui fait de ce spectacle même un scandale de plus pour la société. C'est enfin cette absence de remords dans la plupart de ces criminels qui dorment sans insomnies et qui meurent sans crainte, que se trouve le caractère distinctif de notre triste époque. Et dire qu'elle va tous les jours se développant et se manifestant par des actes nombreux qui en sont la plus désolante expression! Nous voulons parler de la progression inouïe d'un forfait, le dernier et le plus horrible de *tous*, puisqu'il est la violation simultanée de toutes les lois naturelles, divines, ecclésiastiques et sociales : ce forfait, c'est le suicide.

V

Le suicide ! Quand on songe qu'il y a cinquante ans à peine, un seul crime de ce genre suffisait pour jeter l'effroi dans la France entière ; quand on songe que l'horreur publique bien plus encore que l'autorité de la loi faisait trainer le cadavre à la voirie, et qu'aujourd'hui dans l'espace de quelques jours dans une seule grande ville, on en compte par dizaines, par centaines et que depuis dix ans surtout, on les compte par d'effroyables milliers un peu partout, commis indistinc-tement, par des hommes, des femmes et des enfants, la plupart préparés de sang-froid et exécutés sans remords ; quand on songe que l'esprit public en supporte le récit avec la même indifférence que s'il s'agissait d'un fait sans valeur ; qu'il applaudit à l'éloge funèbre du coupable ; quand on songe qu'un pareil forfait a ses apologistes, que la théorie en est enseignée dans des livres destinés à la jeunesse ; en un mot quand on réfléchit, qu'il n'est pas un crime si abominable, qu'il soit contre Dieu, contre la religion, contre la société, contre les parents, contre les époux, contre les enfants, contre les mœurs publiques et privées, qui n'ait sa théorie, son apologie, son modèle, son héros dans quelqu'un des ouvrages philosophiques, dramatiques, des romans, des pamphlets, des gravures, des chansons, des journaux, vantés et dévorés dans les villes et les campagnes, et aussi nombreux que les atômes dans l'air ! est-il possible de ne pas voir là une horrible déchéance ? Que dis-je ? est-il possible de ne pas y voir une France qui abjure sa civilisation chrétienne et qui se prépare d'affreux malheurs ?

En effet, notre pays actuel n'est pas seulement en pleine révolte contre Dieu et la religion, mais il fait encore de sa révolte contre Dieu et contre la religion un systême, un devoir ;

il appelle leur autorité un envahissement et une tyrannie ; il en nie les principes ; il aspire, de toute la puissance de ses vœux et de ses efforts, à les bannir complètement de ses lois et de ses affaires, et loin de se repentir de cet attentat, il s'en fait gloire et le décore du nom pompeux de liberté et d'émancipation.

Tel est l'état de notre époque. Pas une ligne de ce lugubre tableau qui ne puisse se vérifier cent fois par les pages de notre histoire. Et à ces convulsions mortelles, à ces spasmes affreux, à ce dégoût absolu de toute confortation bienfaisante, la France actuelle joint un appétit immodéré pour toutes les substances délétères et des habitudes vicieuses qui achèvent de ruiner ses forces.

S'il était besoin d'en donner d'autres preuves, nous en trouverions par milliers; deux seules suffiront. Premièrement, la France a une constitution sans Dieu, une instruction publique sans Dieu, une législation sans Dieu, une armée sans Dieu; et cette France voit tout cela avec une sorte d'indifférence générale, pour ne pas dire avec orgueil. Secondement, on immole ses enfants par milliers par un enseignement antichrétien, et cela de plus en plus et de degré en degré, depuis quinze ans; et cette oppression de la conscience, et cette déportation des fils de la France dans des écoles qu'elle regarde comme des lieux de perdition, elle n'a pas encore eu le courage de généraliser des pétitions pour obtenir la liberté de l'enseignement au gré des pères de famille.

Et pourtant, il y a en France huit à neuf millions de pères de famille catholiques. Vainement un petit nombre d'hommes s'épuisent à souffler le feu du zèle dans les âmes glacées, elles restent froides, insensibles. La plupart des pères sont spectateurs indifférents et assistent au combat dont la vie morale de leurs enfants sera le prix, comme ils assisteraient à une vaine comédie.

En bonne vérité, que peut devenir un pays où, depuis le premier jour de l'année jusqu'au dernier, il ne se fait plus, dans un trop grand nombre d'écoles, un seul acte collectif de religion ?

En politique même cet athéisme fanfaron nous fait le plus grand tort à l'étranger. On nous méprise et on nous craint; on nous craint non comme des puissants et des forts, mais comme des fous dangereux. Les idées françaises sont en horreur; on les repousse avec énergie, parce qu'on y voit, avec la perte de la religion, la corruption des mœurs, toutes les révoltes et tous

les désordres. « C'est un crime contre la civilisation, disait
« dernièrement un Anglais en présence d'une assemblée
« nombreuse, que ces tentations insensées, faites en ce
« moment par le pouvoir en France, pour arracher les enfants
« catholiques des mains de leurs instituteurs naturels et
« moraux, et les faire passer sous la férule des maîtres impies. »

Il n'est pas, jusqu'aux barbares d'Afrique, à qui notre impiété ne nous rende souverainement odieux et méprisables. La
rougeur monte au front, quand on pense que des Arabes, des
Bédouins peuvent dire à nos Français : « Vous êtes surpris que
« nous vous appelons des chiens; eh! mais, êtes-vous donc
« autre chose que des chiens? Vous voit-on jamais prier
« Dieu ? »

C'en est fait de la France, autrefois la fille aînée de l'Eglise,
sous le rapport chrétien; elle n'a plus de religion publique. Le
jour est venu où le père vraiment chrétien doit comprendre
qu'il ne peut plus compromettre la foi de ses enfants, en leur
laissant quelque chose de commun avec les livres, avec les
journaux, avec l'enseignement, avec les emplois et les dignités
du temps actuel.

Il ne lui reste donc qu'une seule chance de guérison et de vie : c'est le retour sincère au christianisme ; notre équilibre moral et matériel le demande. Plus l'iniquité pèse dans la balance de la justice divine, plus le retour à la vertu doit être franc et loyal. D'ailleurs, s'il est vraisemblable que nous touchions à une lutte gigantesque, il faut que la force de résistance soit proportionnée à l'attaque. A mesure que la société du bien et la société du mal approchent de leur séparation, plus la première doit devenir digne de Dieu.

Déjà cette société du bien, composée tout à la fois de ceux qui sont restés fidèles et de ceux que la miséricorde divine rappelle chaque jour à la vertu, se montre admirable de zèle, d'activité, de charité et de patience. C'est elle qui donne courageusement, un peu partout, ses expiations, son or, sa vie, son sang même, tantôt pour soulager les incalculables misères de la France, tantôt pour tirer de la barbarie les nations les plus reculées du globe.

Mais pour que le mouvement religieux qui se manifeste à l'approche de nouvelles et plus terribles catastrophes, produise d'heureux et décisifs résultats et ramène l'ordre, la paix et la véritable liberté, il faut nécessairement revenir aux principes purement chrétiens. Or ces principes sont multiples, et voici les principaux, sans lesquels le retour est impossible.

D'abord c'est un principe chrétien (le premier de tous), que tout pouvoir vient de Dieu, et c'est en oubliant ce principe qu'on a allumé partout le flambeau de la révolte.

C'est un principe chrétien que les gouvernements sont établis pour procurer le bien spirituel et temporel des peuples. En conséquence, ils doivent travailler à développer l'industrie, d'accord avec les lois de Dieu et de la religion, et par là même ne pas se contenter de procurer au peuple, la plus grande somme de jouissances animales, sans se préoccuper de ses besoins moraux. Les peuples ne sont pas de vils troupeaux à qui on ne doit que la seule nourriture matérielle. Ils ont des âmes immortelles, à qui on est obligé de procurer le noble aliment de la vérité et de la vertu.

C'est un principe chrétien, que l'union de l'Eglise et de l'Etat est à la société, ce qu'est à l'homme l'union de l'âme et du corps; ils ne peuvent vivre régulièrement l'un sans l'autre, la séparation les tue nécessairement.

C'est un principe chrétien que l'erreur n'a aucun droit; partout où l'erreur tient le sceptre, la vérité porte des fers. Un grand docteur, saint Augustin, disait : « *Qui peut mieux donner la mort à la liberté que l'erreur ?* » En effet, tout frein étant ôté, qui peut retenir les hommes dans le sentier de la vérité? De là, la perversion des esprits, la corruption la plus profonde de la jeunesse, le mépris des lois les plus respectables, en un mot le fléau le plus mortel pour la société, puisque l'expérience démontre que les Etats les plus florissants par leur puissance et leur gloire ont péri par la liberté immodérée des opinions, par l'amour des nouveautés et la licence des mœurs.

Enfin c'est un principe chrétien que l'erreur n'a pas le droit d'insulter la vérité et la vertu, encore moins de la comprimer; or, cette erreur, aujourd'hui si générale et si funeste, doit donc être bannie des chaires de l'enseignement, qui trop souvent attaquent, nient et blasphèment avec impunité les vérités les plus sacrées et les plus nécessaires à l'honneur et au bonheur de la société.

Tels sont sommairement les principes auxquels nous devons revenir de toute nécessité si nous voulons sérieusement nous arracher aux erreurs et aux maux qui nous dévorent. Tous les moyens politiques et humains sont devenus impuissants. Que tous ceux qui se disent amis de la France, sous le nom de *Conservateurs*, le sachent bien : Il n'y a que Dieu qui puisse nous guérir... et il n'a fait les *nations guérissables* qu'à la condition qu'elles reviennent sincèrement à lui.

UN CATHOLIQUE.